Papel certificado por el Forest Stewardship Council®

Primera edición: febrero de 2021
Tercera reimpresión: mayo de 2023

Printed in Spain - Impreso en España

ISBN: 978-84-488-5652-6
Depósito legal: B-19.078-2020

Diseño y maquetación: LimboStudio
Impreso en Talleres Gráficos Soler
Esplugues de Llobregat (Barcelona)

BE 5 6 5 2 B

ROBÓTICA
E INTELIGENCIA ARTIFICIAL
CARLOS PAZOS

¡Hola, futuros genios de la robótica!
Soy la ingeniera Valentina, y este es Turing.

Turing es el último modelo de robot que
ha llegado al museo de la ciencia, pero no
sabe por qué está aquí y no conoce a nadie.

¡No pasa nada, Turing! Es normal sentirse inseguro en un lugar nuevo. Ya verás qué bien estás cuando conozcas a los demás robots.

Ven, te los
voy a presentar.
Hay muchos tipos
de ROBOTS.

CLASIFICACIÓN POR FUNCIONALIDAD

Algunos transforman materiales y fabrican cosas.

Otros son para servir y ayudar a las personas.

¡Y también hay algunos para explorar sitios increíbles!

INDUSTRIALES

SOCIALES

EXPLORADORES

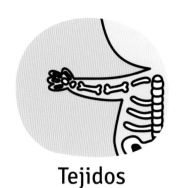

Tejidos

Las personas están hechas de tejidos y huesos, y tú estás formado por piezas y **PARTES MECÁNICAS**.

Partes mecánicas

Vista

Oído

Las personas tienen **SENTIDOS** para descubrir el mundo, y tú tienes **SENSORES**.

Antena

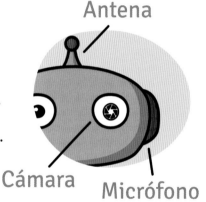

Cámara

Micrófono

Tacto

Gusto

Olfato

Cerebro

Y las personas poseen un cerebro para saber lo que tienen que hacer, y tú usas un **PROCESADOR**.

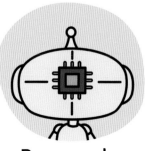

Procesador

Los robots necesitan un procesador
para hacer las cosas paso a paso.
¡Es como si estuvieran siguiendo
la receta de una tarta!

1100110 0000010
1110110 0100100
10101110 00100110
1010001 1000110
10100010 01100110
0110010 01001010
0111010 01001010
011110010 01100110
011010 0111010
1000011 101001010

Voy a enviarte una de esas
recetas desde mi ordenador.

Esa receta
tan especial
se llama
ALGORITMO.

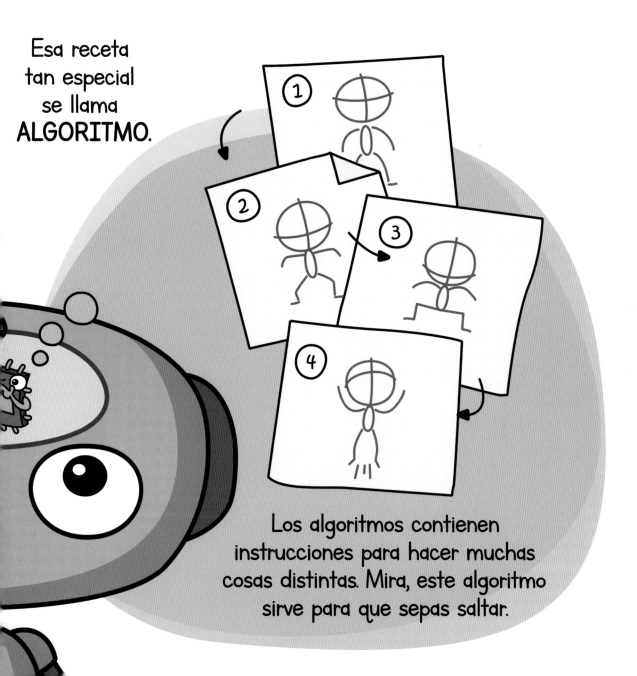

Los algoritmos contienen
instrucciones para hacer muchas
cosas distintas. Mira, este algoritmo
sirve para que sepas saltar.

Los móviles y los portátiles también
necesitan algoritmos (y que su procesador
los lea) para saber qué hacer.

Por ejemplo, sirven para reproducir
un vídeo o para poner una canción.
¡Sin los algoritmos no funcionarían!

La gran diferencia es que las personas controlan estos aparatos, mientras que los robots se mueven solos.

Los robots solo hacen lo que pone en su algoritmo.
Lo malo es que no saben hacer otra cosa.

Por ejemplo, un robot programado para
llevar cajas no sabría jugar con un balón.

Los humanos somos diferentes; aprendemos de todo y mejoramos cada día con nuestras experiencias.

Y lo que vivimos se guarda en nuestro cerebro, asociado a lo que hemos sentido o percibido.

Buena parte de nuestro cerebro está hecho de **NEURONAS**. Las neuronas comparten y guardan información de nuestra vida.

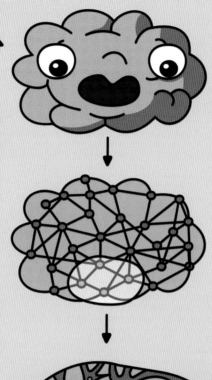

El cerebro y las neuronas nos permiten tener **INTELIGENCIA** para resolver problemas de todo tipo.

Aunque el procesador de los robots no funciona igual y no es capaz de hacer lo mismo.

Los ingenieros no sabemos todavía cómo construir un cerebro humano. ¡Es supercomplicado!

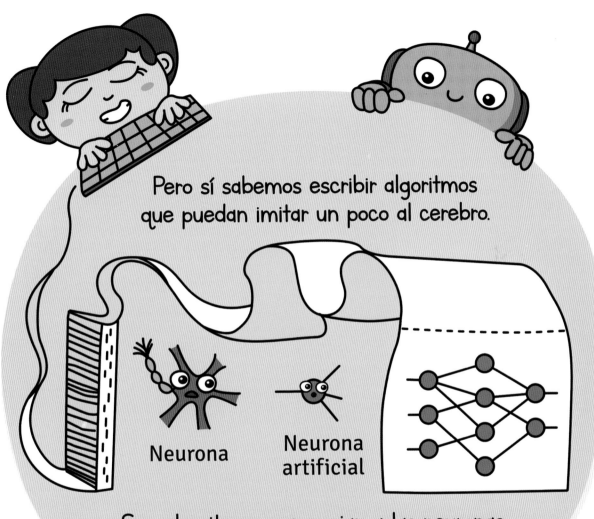

Pero sí sabemos escribir algoritmos
que puedan imitar un poco al cerebro.

Neurona

Neurona
artificial

Son algoritmos que copian a las neuronas
que están conectadas entre sí. Esto se llama
RED NEURONAL ARTIFICIAL.

El procesador de un robot sabe cómo imitar neuronas.
Es como si copiara un trocito de cerebro.

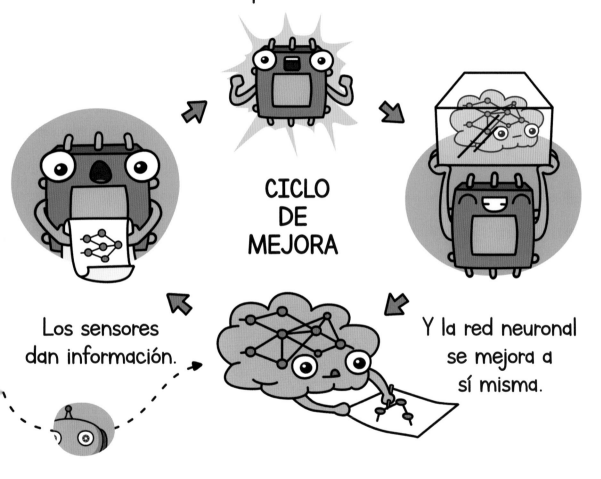

CICLO
DE
MEJORA

Los sensores
dan información.

Y la red neuronal
se mejora a
sí misma.

Hay otras formas de conseguir inteligencia artificial,
pero esta es una de las más chulas.

Ha llegado el momento de averiguar qué hay en tu cabeza.
¡Mooooola! Eres un robot bailarín con inteligencia artificial.

Al bailar, mueves
tu cuerpo.

Tus sensores te
sirven para ver cómo
lo estás haciendo.

Y tu procesador,
gracias a las redes
neuronales, te permite
bailar cada vez mejor.

Ahora que somos genios de la **ROBÓTICA**, ya sabes para qué has venido al museo.

Eres un **ANDROIDE** bailarín que alegrará a los visitantes. Música, maestro... ¡Y que empiece el baile!

Descubre los secretos de la ciencia con FUTUROS GENIOS.

ASTRONÁUTICA
CARLOS PAZOS
LA CIENCIA EXPLICADA A LOS MÁS PEQUEÑOS

GENÉTICA
CARLOS PAZOS
LA CIENCIA EXPLICADA A LOS MÁS PEQUEÑOS

EVOLUCIÓN
CARLOS PAZOS
LA CIENCIA EXPLICADA A LOS MÁS PEQUEÑOS

FÍSICA CUÁNTICA
CARLOS PAZOS
LA CIENCIA EXPLICADA A LOS MÁS PEQUEÑOS

ROBÓTICA
E INTELIGENCIA ARTIFICIAL
CARLOS PAZOS
LA CIENCIA EXPLICADA A LOS MÁS PEQUEÑOS

VIRUS y VACUNAS
CARLOS PAZOS
LA CIENCIA EXPLICADA A LOS MÁS PEQUEÑOS

DINOSAURIOS
Y PALEONTOLOGÍA
CARLOS PAZOS
LA CIENCIA EXPLICADA A LOS MÁS PEQUEÑOS

ANATOMÍA
Y EL CUERPO HUMANO
CARLOS PAZOS
LA CIENCIA EXPLICADA A LOS MÁS PEQUEÑOS

101 PREGUNTAS y RESPUESTAS
CARLOS PAZOS
DEL ESPACIO

¡Y conviértete en un experto del Sistema Solar y los seres vivos con **ASTROMITOS** y **BIOMITOS!**